LIGUE COLONIALE FRANÇAISE

*autorisée par Arrêté de M. le Ministre de l'Intérieur
en date du 29 août 1895*

STATUTS

TITRE PREMIER

But et Composition de l'Association

Article Premier

La Ligue Coloniale française est exclusivement composée de Français et de Françaises.

Son siège social est à Paris, 79, rue du Faubourg Poissonnière.

Elle a pour but :

1° La propagation de *l'esprit colonial ;*

Et 2° la protection des intérêts nationaux aux colonies.

Elle a, par conséquent, pour devoir d'étudier et de faire mieux connaître la valeur exploitable et les ressources que chacune de nos colonies peut offrir à la colonisation française et à l'émigration, et, en général, d'aider à tout ce qui peut concourir à ce but.

Elle se subdivise en *sections d'études* correspondant aux groupes des Colonies françaises (Afrique du Nord, Afrique Occidentale, Indo-Chine, Océan Indien, Amérique, Océanie, et aux différentes questions annexes.

A cet effet, ses sections d'études recherchent les points sur lesquels les intérêts français seraient ou auraient été lésés ou resteraient en souffrance, et le *Comité de Direction*, saisi du rapport de la section, fait le nécessaire pour en obtenir la réparation et en prévenir le retour.

Tout membre de la Ligue est inscrit à celle de ces sections qu'il choisit ; il peut être simultanément inscrit à plusieurs sections.

Article 2

La Ligue a pour moyen d'action la publication d'un *Bulletin périodique* dont il sera parlé ci-après (articles 11 et 15), et l'organisation de conférences, de lectures et de cours publics et gratuits ayant trait à l'œuvre de la Ligue.

LIGUE COLONIALE FRANÇAISE

AUTORISÉE

PAR ARRÊTÉ DE M. LE MINISTRE DE L'INTÉRIEUR

en date du 29 août 1895

—

STATUTS

SIÈGE SOCIAL PROVISOIRE :

79, Faubourg-Poissonnière, 79

PARIS

Article 3

Pour faire partie de la *Ligue Coloniale française*, il faut justifier de sa nationalité française, signer un bulletin d'adhésion que contresigneront, à titre de parrains, deux des membres de la Ligue, et s'engager à verser la cotisation annuelle de *six francs*.

Cette adhésion sera soumise à la ratification du Comité de Direction.

Tout *membre titulaire* pourra racheter cette cotisation par un versement de *cent francs*, une fois payé; il deviendra ainsi *membre perpétuel*.

Est *membre donateur* toute personne qui, satisfaisant aux conditions d'admission, verse en une seule fois une somme d'au moins deux cents francs.

Les personnes mineures qui désireraient faire partie de la Ligue seront tenues de justifier de l'autorisation de leurs parents ou tuteurs.

Il pourra, en outre, être créé des *membres d'honneur* par vote de l'Assemblée générale sur la proposition du Comité de Direction.

Tous les membres de la Ligue ont le droit d'assister aux Assemblées générales et ont droit au service gratuit du Bulletin, dont il sera parlé ci-après (articles 11 et 15).

Article 4

La qualité de membre de la Ligue se perd :

1° Par la démission ;

2° Par la radiation prononcée pour motifs graves par le Comité de Direction, le membre intéressé ayant été préalablement appelé à fournir ses explications, sauf recours à la première Assemblée générale ;

3° Par l'omission de payer pendant deux années consécutives sa cotisation.

TITRE II

Administration et fonctionnement

Article 5

La direction et l'administration de la Ligue sont confiées à un *Comité de Direction* composé de vingt et un membres au moins et de trente au plus.

Le Comité de Direction est élu en Assemblée générale, au scrutin de liste et à la majorité absolue. Toutefois, si un deuxième tour de scrutin était nécessaire, l'élection aurait lieu à la majorité relative.

Le renouvellement du Comité aura lieu tous les ans par tiers, les deux premières séries sortantes devant êtres tirées au sort.

Les Membres sortants sont rééligibles.

En cas d'absence non motivée à trois réunions consécutives, le Membre du Comité est considéré comme démissionnaire et le Comité le remplace provisoirement, comme en cas de vacance, sauf ratification par la plus prochaine Assemblée générale; le Membre ainsi désigné prend la place du Membre sortant.

Ce Comité de Direction choisit parmi ses Membres un bureau composé de :

1 Président,

3 Vice-Présidents,

1 Secrétaire général,

1 Archiviste-bibliothécaire,

1 Secrétaire des séances,

1 Trésorier.

Ce bureau est élu pour une année et ses Membres sont toujours rééligibles.

Article 6

Le Comité de Direction se réunit au moins deux fois par mois : le premier et le troisième mardis, et chaque fois qu'il est convoqué par son Président ou sur la demande du quart de ses Membres.

La présence du tiers des Membres du Comité est nécessaire pour la validité des délibérations.

Il est tenu procès-verbal des séances.

Les procès-verbaux sont signés par le Président et le Secrétaire des séances.

Le Comité de Direction organise la propagande et assure la correspondance avec toutes les Colonies. Il règle l'organisation des Conférences et nomme les *Délégués régionaux*, auxquels il confie la mission d'organiser des Comités de région ou de département, et délimite les pouvoirs des Délégués ainsi que leur sphère d'action.

Le Comité de Direction est également chargé de l'administration générale de la Ligue. Il décide dans les limites du budget voté par l'Assemblée générale, de l'emploi des fonds. Il reçoit les comptes du Trésorier, ainsi que les projets de budget dont il autorise la présentation à l'Assemblée générale.

Une *Commission de Permanence*, prise dans le sein du Comité de Direction, se réunit tous les mardis, et est convoquée par son Président chaque fois qu'une question urgente se présente soit au point de vue de la propagande, soit au point de vue de l'administration (1).

Le Président de la Ligue, le Secrétaire général et le Trésorier font de droit partie de toutes les Commissions.

Article 7

Toutes les fonctions de Membre du Comité de Direction et du Bureau sont gratuites.

(1) Dans sa réunion du 18 mai 1895, le *Comité de Direction* a décidé que le Bureau entier formerait la *Commission de permanence* instituée par le paragraphe 7 de l'article 6 des Statuts.

Article 8

Les délibérations du Comité de Direction relatives aux acquisitions, échanges et aliénations d'immeubles, aliénations de valeurs dépendant du fonds de réserve, prêts hypothécaires, emprunts, constitutions d'hypothèques et baux excédant neuf années ne sont valables qu'après l'approbation de l'Assemblée générale.

Article 9

Les délibérations du Comité de Direction relatives à l'acceptation des dons et legs, les délibérations de l'Assemblée générale relatives aux acquisitions et échanges d'immeubles, aliénations de valeurs dépendant du fonds de réserve, et prêts hypothécaires ne sont valables qu'après l'approbation du Gouvernement.

Article 10

Le Président de la Ligue dirige les débats au sein du Comité de Direction et des Assemblées générales. Il représente valablement la Ligue dans toutes les relations extérieures.

Il ne peut être suppléé pour la Direction des débats, que par l'un des Vice-Présidents ; il peut se faire suppléer à son gré dans les relations extérieures de la Ligue, soit par l'un des Vice-Présidents, soit par le Secrétaire-général.

Article 11

Le *Secrétaire-général* est chargé de la correspondance et s'occupe tout spécialement de la propagande.

C'est à lui qu'incombe la Direction du *Bulletin de la Ligue* dont le Trésorier est, de droit, l'administrateur. Il peut se faire assister dans cette Direction par un *secrétaire de la rédaction* désigné par le Comité de Direction sur sa présentation.

Article 12

Le *Trésorier* est chargé de recueillir et de conserver les fonds de la Ligue.

Il a le droit d'acquitter tous mandats, de donner toutes quittances et décharges.

Il représente la Ligue en justice et dans tous les actes de la vie civile.

Il ne paie que sur mandats ordonnancés par le Président du Comité de Direction après vote du Comité.

Article 13

L'*Archiviste bibliothécaire* a la garde des archives et y conserve les documents qui lui sont transmis.

Il reçoit les livres, cartes et documents divers achetés par la Ligue ou donnés à la Ligue, et en dresse l'inventaire.

Article 14

Le *Secrétaire des séances* rédige les procès-verbaux et comptes rendus des séances du Comité de Direction et des Assemblées générales.

Article 15

Le *Bulletin de la Ligue*, dirigé et administré, comme il est dit à l'article onze ci-dessus, sera servi gratuitement à tous les membres de la Ligue.

Il publiera, en outre du compte rendu analytique des séances des Assemblées générales, tous les documents susceptibles d'intéresser les membres de la Ligue, actes officiels, rapports de missions, cartes, etc., et une bibliographie coloniale, ainsi que l'inventaire au jour le jour de la bibliothèque de la Ligue.

Article 16

Les *Sections d'études*, prévues par l'article 1 ci-dessus, fixeront elles-mêmes les jours et heures de leurs réunions ; elles éliront leur bureau et nommeront leurs rapporteurs ; ceux-ci, dès qu'un rapport aura été approuvé par la section, en transmettront le texte au Secrétaire-général qui en assurera la publication au Bulletin, puis l'enverra aux Archives.

Le Président de chacune des Sections d'études, s'il n'est déjà membre du Comité de Direction, prend part avec voix consultative aux séances de ce Comité, chaque fois qu'il y est traité une question ressortissant aux études spéciales de la section ; il y est convoqué par les soins du Secrétaire général.

TITRE III

Ressources annuelles et fonds de réserve

Article 17

Les ressources annuelles de l'Association se composent :

1° Des cotisations et souscriptions de ses membres ;

2° Des subventions qui pourront lui être accordées ;

3° Du produit des ressources créées à titre exceptionnel ;

4° Du produit de la vente de ses publications ;

5° Enfin du revenu de ses biens et valeurs de toute nature.

Article 18

Le fonds de réserve comprend :

1° Le dixième au moins de l'excédent des ressources annuelles ;

2° Les sommes versées pour le rachat des cotisations ;

3° Le produit des libéralités autorisées sans affectation spéciale.

Article 19

Le fonds de réserve est placé en rentes nominatives 3 %/o sur l'Etat, ou en obligations nominatives de chemins de fer dont le minimum d'intérêt est garanti par l'Etat.

Il peut également être employé en acquisition d'immeubles, pourvu que ces immeubles soient nécessaires au fonctionnement de la Société, ou en prêts hypothécaires, pourvu que le montant de ces prêts, réuni aux sommes garanties par les autres inscriptions ou privilèges qui grèvent l'immeuble, ne dépasse pas les deux tiers de sa valeur estimative.

Les ressources ordinaires de la Ligue sont employées :

1° A la propagation des idées de la Ligue ;

2° A la publication du Bulletin périodique ;

3° A l'organisation des conférences, des lectures et des cours gratuits et publics ;

4° A la subvention des œuvres de colonisation ou des missions coloniales, dès que l'état de ses ressources le lui permettra.

TITRE IV
Assemblées générales

Article 21

L'assemblée générale des Membres de la Ligue se réunit au moins une fois par an, le premier Dimanche de mars ; elle peut être convoquée par le Comité de Direction chaque fois qu'il le juge nécessaire ou sur la demande du quart au moins de ses membres.

Le vote peut avoir lieu soit directement, soit par correspondance, soit par procuration, pourvu que le mandataire soit déjà membre de la Ligue et qu'il ne puisse réunir plus de cinq voix y compris la sienne.

Son ordre du jour est réglé par le Comité de Direction.

Son bureau est celui dudit Comité.

Elle entend les rapports sur la gestion du Comité de Direction, sur la situation financière et morale de l'association.

Elle approuve les comptes de l'exercice clos, vote le budget de l'exercice suivant, délibère sur les questions mises à l'ordre du jour, et pourvoit au renouvellement des membres du Comité de Direction comme il est dit à l'article 5.

Elle statue également sur toutes les propositions qui lui sont soumises par l'un quelconque de ses membres, mais ces propositions ne pourront être inscrites à l'ordre du jour, qu'autant qu'elles auront été portées à la connaissance du Comité de Direction au moins un mois avant la réunion de l'assemblée générale et après approbation du Comité.

Les décisions sont prises à la majorité absolue des membres présents ou représentés.

Le rapport annuel et les comptes sont adressés

chaque année à tous les membres, au Préfet du département de la Seine et au Ministre de l'Intérieur.

Toutes discussions étrangères au but de la Ligue sont interdites, tant dans les Assemblées générales que dans les réunions du Comité de Direction ou des sections d'étude.

TITRE V

Modification des Statuts et Dissolution

Article 22

Les statuts ne peuvent être *modifiés* que sur la proposition du Comité de Direction ou du dixième des membres de la Ligue, soumise au bureau au moins un mois avant la séance.

L'assemblée extraordinaire, spécialement convoquée à cet effet, ne peut modifier les statuts qu'à la majorité des deux tiers des membres présents.

L'Assemblée doit se composer du quart, au moins, des membres de la Ligue.

En cas de modifications aux présents Statuts, le nouveau texte sera soumis au Ministre de l'Intérieur, et le Bureau de la Ligue devra faire le nécessaire pour obtenir de nouveau l'autorisation administrative prescrite par l'article 291 du Code Pénal.

Article 23

L'Assemblée générale, appelée à se prononcer sur la *Dissolution* de l'association et convoquée spécialement à cet effet, doit comprendre au moins la moitié plus un des membres en exercice. La dissolution ne peut être votée qu'à la majorité des deux tiers des membres présents.

Article 24

En cas de dissolution ou en cas de retrait de la reconnaissance de l'association comme établissement d'utilité publique, l'Assemblée générale désigne un ou plusieurs Commissaires chargés de la liquidation des biens de l'Association. Elle attribue l'actif net à un ou plusieurs établissements analogues, publics ou reconnus d'utilité publique.

Ces délibérations sont adressées sans délai au Ministre des Colonies.

Dans le cas où l'Assemblée générale n'ayant pas pris les mesures indiquées, un décret interviendrait pour y pourvoir, les détenteurs de fonds, titres, livres et archives appartenant à l'Association s'en dessaisiront valablement entre les mains du Commissaire liquidateur désigné par ledit décret.

Article 25

Les délibérations de l'Assemblée générale prévues aux articles 22, 23 et 24 ne seront valables qu'après l'approbation du Gouvernement, dès que la Ligue sera reconnue d'utilité publique.

TITRE VI

Règlement intérieur et surveillance

Article 26

Un règlement, adopté par l'Assemblée générale et approuvé par le Ministre de l'Intérieur, après avis du Ministre des Colonies, arrête les conditions de détail propres à assurer l'exécution des présents Statuts. Il peut toujours être modifié dans la même forme.

Article 27

Le Ministre des Colonies aura le droit de faire visiter par ses délégués les établissements fondés par la Ligue et de se faire rendre compte de leur fonctionnement.

Article 28

Les présents Statuts étant faits en vue de l'obtention de la reconnaissance de la Ligue Coloniale comme établissement d'utilité publique, le contrôle du Gouvernement prévu en différents articles des Statuts ne deviendra obligatoire qu'à partir de la reconnaissance d'utilité et le présent article cessera de figurer aux Statuts, de plein droit, à partir de cette époque.

MM.

Président . . . . L.-E. FLOURENS, O. ✳, Député, Membre du Conseil général des Hautes-Alpes, ancien Ministre des Affaires étrangères.

Vice-Présidents . . . . R. BOUEIL, ✳, Capitaine de frégate en retraite.

— P.-E. CHENAULT, ✳, Chef de Bataillon d'Infanterie de marine en retraite.

— P.-A. LEDRU, ancien Négociant.

Secrétaire général . . . A.-H. CANU, ❂, publiciste.

Secrétaire des séances. . M. FIORENTINO DE LA ROVÈRE, publiciste.

Archiviste bibliothécaire. Louis COSSON, Avocat.

Trésorier . . . . L. CHAMUEL, Éditeur.

BEAUVAIS. — IMPRIMERIE PROFESSIONNELLE.

BEAUVAIS. — IMPRIMERIE PROFESSIONNELLE.